연극으로
배우는
세계시민교육

지구촌문화예술공연단

추천사

지구촌문화예술공연단은 아시안허브 세계시민교육 강사를 중심으로 만들어진 연극극단입니다. 세계시민교육이 어떻게 하면 시민들에게 조금 더 쉽고 친근하게 다가갈 수 있을까? 고민하다 연극을 만들기로 했습니다. 2020년엔 서울시 후원으로 극본 제작 강의 및 연극 강의가 이뤄져서 연극을 만들 수가 있었고, 2021년엔 한국여성재단 후원으로 이어가게 됐습니다. 저희 극단이 탄생하고 이어갈 수 있도록 지원해주신 모든 분들께 진심으로 감사드립니다.

저희 공연단의 특징이라면 세계 각국 출신의 단원들이 한국어로 극본을 쓰고, 한국어로 공연을 합니다. 물론 호주에서 살다 온 한국어 선생님, 모로코 남자와 결혼한 다문화 선생님 등 한국 국적의 단원 포함입니다.

여러분은 이 극본집을 보면서 직접 연극에 도전해 볼 수도 있고, 극본집과 함께 아시안허브 유튜브채널 ahTV 연극을 더 깊이 있게 감상하실 수도 있습니다.

수업시간에 연극대본 한 편 함께 읽어보는 것만으로도 문화다양성 이해에 큰 도움이 되었던 경험을 가지고 이 연극대본집을 출판합니다.

현장에서 다문화체험활동, 세계시민교육을 하는 분들에게 조금이나마 도움이 되었으면 합니다.

극본을 쓰신 강석, 박금영, 박채원, 진은아, 야마구찌 히데꼬 선생님... 모두 수고 많으셨습니다. 연극이 무엇인지 모르던 우리에게 극본 쓰는 법, 연기하는 법을 가르쳐주신 김정훈 강사님 고맙습니다. 함께 코로나 위기에도 멋진 공연을 만들어 준 단원 여러분, 모두 사랑합니다. 특히 좋은 작품 주시고, 후배들에게 열정을 가르치신 후 먼저 하늘나라로 가신 야마구찌 히데꼬 선생님! 고인의 명복을 빕니다.

이 극본집을 읽어주신 여러분께도 진심으로 감사 인사를 드립니다. 모두 건강하시고, 우리 함께 우리의 지구를 질병과 아픔으로부터 지켜내 봐요. 고맙습니다.

2021. 08. 첫 공연을 마치고
기획자 **최진희** 씀

차례

○
○
○

우리는 다양한 가족 ················ 009

지구촌 동물스타 ················ 025

띡쭈 TICH CHU ················ 051

제사와 라마단 ················ 069

왜 혼나요? ················ 087

우리는
다양한 가족

우리는 다양한 가족

극본 **박금영**

배　　경	복사골 마을 회관, 어느날
등장인물	부녀회장
	몽골새댁
	필리핀새댁
	미얀마새댁
	중국새댁 왕령령
	대만새댁 조민
	일본새댁
	인도네시아새댁

마을 회관에서 다문화축제 공연연습 때문에 모였다.

각자 가져온 간식을 식탁에 꺼내 놓는다.

미얀마 새댁은 배를 자르면서 나눠먹자고 한다.

미얀마   언니들 시원하게 배 좀 먹고 연습합시다.

왕령령   와~~ 맛있겠다. 하지만 중국에서는 배를 나눠먹지 않는단다.

미얀마   어째서요?

왕령령   배라는 발음(진짜 발음으로)이 이별한다는 이와 발음이 똑같아
              헤어진다고 생각하니까.

미얀마   아 그렇군. 그럼 언니 배 안 드셔요?

왕령령   아니 한국 배는 크고 달아서 여럿이서 나눠먹어야 제 맛이지.
              (미유키에게 치킨 한 조각을 건넨다) 미유키 치킨.
              미유키 빨리 받아 팔 떨어지겠어!

미유키   어머나 왜 그래! 이것 치워 나 안 먹어! 안 먹은 다구.

일본에서 온 미유키가 펄쩍 뛰며 말했다.

왕령령   미유키 왜 그래! 독이라도 있을까봐? 뭐야 기분 나빠.

미유키   뭐가 연상돼서 못먹겠다고, 나 절대 안 먹을거야!

왕령령   별말을 다 듣겠네. 맛있는 치킨보고 뭐가 떠오른다는 거야?

미유키   일본에서는 젓가락에서 젓가락으로 무언가를 옮기는 행동은 사람이 죽었을 때 화장하고 남은 뼈를 그릇에 담을 때만 하는 행동이란 말이에요. 그러니 젓가락으로 치킨을 집어주니 깜짝 놀랐지 뭐야. 식탁에서 젓가락으로 음식을 집어주는 것은 실례라고요.

왕령령   아니 뭐라니? 실례? 내가 알고 그랬니? 챙겨주면 고마운줄 알아야지. 그리고 여기는 한국이라고 한국 일본이 아니고.

왕령령이 흥분해서 자리를 박차고 일어난다. 옆의 사람들이 말린다.

필리핀   왕령령언니 좀 참아요. 미유키 언니가 원래 비위가 약하잖아
요. 아마 순간 놀라서 그랬을 거예요 이해심 많은 언니가 이해
해줘야지.

미얀마   그래요. 미유키 언니 문화가 달라서 놀랄수는 있어요. 그래도
왕령령 언니는 좋은 뜻으로 주셨는데... 좀 서운하실 만도 할
것 같아요.

미유키   친구야 미안, 내가 순간 흥분한 것 같네.

왕령령   아이고 뭐 미안까지나. 나도 흥분했는데 우리 뭐 한 두 번 이러
나 이제 알았으니 음식은 알아서 드셔 ㅎㅎ

모두 웃으며 자리에 앉는다.

미얀마   미유키 언니도 좀 있으면 적응될 거예요 ㅎㅎ.

필리핀   그래 정말 맞는 말이야. 저도 요즘 낮잠을 자려해도 잠이 안와 요 ㅎㅎ. 필리핀에서는 점심 먹고 낮잠 자는 습관이 있잖아. 그 래서 처음 한국에 왔을때 많이 힘들었는데. 하기야 그 대신 필 리핀 사람들은 아침 일찍 일어나서 부지런히 일하죠.

미얀마   처음 한국 왔을 때 시어머니한테도 잔소리 많이 들었죠.

필리핀   그러게요. 저 게으르다고 필리핀 사람들 다 게으르다고 대낮에 낮잠을 두 시간씩이나 잔다고 구박 많이 줬죠.

미유키   지금도?

필리핀	아니. 우리 시어머니도 지난 다문화 인식개선 교육에서 필리핀 사람들은 낮잠 자는 문화가 있다는 것을 알고, 지금은 나보고 점심 먹고 낮잠 자라고 해. 그런데 나도 한국 온 지 2년 넘으니 낮잠을 안 자게 되네요. 신기하죠! 몸이 적응했나 봐요, 허허.
부녀회장	(자료 몇 장 들고 들어오며) 여러분, 자자 일어나셔~ 먹는 것도 좋지만 공연연습 좀 하고 먹고 수다 떠는 시간 갖도록 하겠습니다. 공연 며칠 안 남았습니다. 일어나셔.

모두 일어나서 자리 정리하고 음악에 맞춰 춤 연습 한다. 쉬는 시간

부녀회장	자 여러분 좋은 소식 있습니다. 우리 복사골 다문화 공연팀이 지난번 다문화 행사에서 장려상을 받았습니다. 우리 덕분에 축제가 빛났다고 칭찬이 자자하네요. 여러분 수고 많았습니다.
전체	와~~

옆에 있는 미얀마 새댁이 팔짱을 끼고 듣고 있다.
그리자 부녀회장이 미얀마 댁의 팔을 툭 친다.

미얀마	회장님~~ 미얀마에서는 팔짱끼고 인사도 해요. 한국에서 배꼽 인사를 하듯이 말이에요 . 팔짱끼고 윗사람 말씀을 듣는 것은 예의를 지키는 행동이랍니다.
부녀회장	하하! 아~ 알지, 알지! 얘기해줘서 알고말고. 그래도 왠지 팔짱 끼는 모습 보면 눈에 거슬리네. 한국에서는 이런 자세로 윗사람한테 인사하거나 말씀을 들으면 큰 실례거든.
미얀마	그러게요. 처음 한국에 왔을 때는 몰랐지요. 어른들에게 한 소리 많이 들었어요. 그래도 습관은 어떻게 할 수 없나 봐요. 가끔 나오네요, 흐흐.

부녀회장 알았어, 알았어요. 미안해요~~ 나도 자기가 말씀을 하시면 팔 짱짱끼고 듣겠습니다. 호호. (팔짱끼고) "원따바대"

대만 조민 (손들고) 회장님, 대만에서는 수건은 장례식장에 갔다가 나올 때 주는 것입니다. 사람들의 몸에 묻어있는 나쁜 것을 다 수건 에다가 닦고 버리고 가라고요.

미얀마 어머나 정말? 한국에서는 아기 돌날에 수건 돌리는데…

대만 조민 그러니까요. 그래서 처음 한국에 와서 아기 돌잔치 집에 갔는 데 수건을 줘서 깜짝 놀랐지 뭐에요. 사랑스런 나의 아기 돌잔 치 날에 수건을 돌리다니요.

미얀마 받아들이기가 힘들었겠어요.

미얀마 그럼요. 충격 그 자체였어요. 그래서 수건을 받아올까 말까 고 민했죠. 지금은 수건 주시면 얘기하고 가져오진 않아요. 문화 가 다르다는 것을 알지만, 그래도 마음으로는 아직도 좀 꺼려 지네요.

회장님	(수첩에 받아 적으며) 아~ 이점은 몰랐네요. 오늘 또 하나 배웠었요. 그럼 여러분, 선물 뭘 하면 좋을까요? 의견 주세요 ~~
몽골새댁	(문 열고 허겁지겁 들어오며) 회장님, 언니들! 제가 큰 실례를 한 거 같아요. 빨리 도와주세요.
회장님	아이고, 몽골새댁 왔네. 한국 온지 얼마 안돼서 궁금한게 많지? 오늘은 뭐가 궁금하지 ?
몽골새댁	오늘 서울에 사시는 시아주버님이 동창모임 왔다가 우리집에 잠깐 들렀어요. 근데 신랑이 나가고 저 혼자 있었단 말이에요.
회장님	허허, 좀 당황했겠네요.
몽골새댁	좀 당황스러웠지만 그래도 반가웠어요. 나한테 항상 따뜻하게 잘 해 주시거든요. 그래서 뭐라도 대접하고 싶었어요. "커피 한 잔 드릴까요?"했죠.

회장님   당연하지 잘 했네.

몽골 새댁   근데, 아주버님이 '괜찮다'고 하셨어요. '주세요'도 아니고. '안마시겠다'고도 아니고, '괜찮다'고 하셨다고요. 그런데 '괜찮아요'가 무슨 뜻이에요?

회장님   아~ 보통 한국에서는 예의상으로 그렇게 말하지만,
그래도 커피나 물이라도 드려야 서로 기분이 좋지.

몽골 새댁   아 그래요? 어떻게 해요. 나는 고민했어요. 몽골에서는 이렇게 물어보면 마실건지 안마실건지 직설적으로 대답하거든요. 안마시겠다고 하는데 주면 실례에요. 그래서 고민 끝에 '괜찮아요'는 안마시겠다는 뜻으로 생각하고 커피를 드리지 않았어요. 지금 보니 큰 실례를 했네요.

회장님   새댁, 한국에서 괜찮다는 것은 미안해서 괜찮다는 일종의 인사 말이야. 손님이 괜찮다고 하더라도 주인은 준비한 커피나 음식을 손님에게 내주는 것이 한국 문화야. 손님은 알아서 드시면 되는거고.

몽골 새댁	어떡해요. 어떡해요! 귀한 손님 커피 한 잔도 대접 못해드려서. 아주버님 서운하셨겠다. 잉!
회장님	아니야 . 한국에 온 지 얼마 안돼서 한국문화를 아직은 잘 몰라서 그런거지. 요즘 한국사람들도 외국문화에 관심이 많아서 많이 배우고 많이 알고 있어. 아주버님도 교양있는 분이시니 이해하실 거야. 이렇게 배우면서 적응하는거지.
인도네시아댁	(손으로 회장님 엉덩이를 두드리면서) 좋아요~! 좋아요!
회장님	아이고! 깜짝이야!!
인도네시아댁	인도네시아에서는 할아버지도 친구가 될 수 있고 서로 엉덩이를 두드릴 수도 있어요. 회장님이 좋아서 그래요.
회장님	알고말고. 그래도 이런 일은 난생 처음이라~~ 왠지 어색하네 하하. (인도네시아댁 엉덩이를 두드리며) 우리끼리는 괜찮지만 한국 남자분들에게 이렇게 하면 절대 안돼요. 성 추행범으로 잡혀가요.

인도네시아댁   아 그래요? 조심할게요.

대만 조민   회장님, 우리 선물 한국 전통부채로 하는 것이 어때요? 며칠 전
한국 전통문화 강의에서 강사님이 한국에서는 옛날부터 선물문
화에 하선동력이라고 하셨잖아요.

미얀마   아~~ 그래요. 여름에는 부채선물하고 겨울에는 달력을 선물
하다고 하셔죠. 곧 단오 명절이고 더위도 오니 부채가 좋을
것 같아요.

대만 조민   한국 전통이 묻어나오는 아름다운 부채를 간직하고 자랑하고
싶어요.

동의하는 목소리와 박수

회장님   그래 좋아~. 다 박수치는 거 보니 같은 마음이구만. 우리 이번 기념품은 부채로 정합니다! (관객에게) 우리 마을은 이래서 아름답습니다. 다양한 문화 다양한 사람들이 어울려서 더욱 다채롭고 풍요롭습니다. 서로 알아가고 적응해 나가면서 행복하게 함께 살아가는 것입니다.

북사골 여러분 빨리와서 연습 합시다. 이번 대회도 우리 꼭 상을 타야죠.

M 다르지 않아
(다문화 인식 개선송을 다 함께 노래 부르면서 춤을 춘다)

지구촌
동물스타

지구촌 동물스타

극본 강 석

배   경   동물들이 모여 사는 숲속나라

등장인물   해설자

강아지 코코

앵무새 쪼잘이

돼지 꿀복이

사슴 뿔심이

사냥꾼

해설자	오늘은 지구촌에서 가장 매력적인 동물을 선발하는 지구촌 동물 스타 선발 대회가 있는 날이에요. 모두가 멋진 모습을 취하며 곧 시작할 대회를 준비하고 있어요.
	코가 제일 아름답다고 생각하는 강아지 코코가 거울을 보며 코 단장을 하네요.
코코	킁킁! 킁킁! 내 이름은 코코! 이렇게 오뚝한 콧대와 매끈한 콧날을 가진 내가 바로 오늘의 스타~!
해설자	자기 깃털을 황홀하게 쓰다듬고 있는 앵무새 쪼잘이가 보이네요!
쪼잘이	쪼짤 쪼잘 쪼짤~ 내 이름은 쪼잘이! 아름다운 무지갯빛 깃털이 오늘따라 유난히 빛나지 않아? 오늘의 스타는 바로 내가 될 거야!
해설자	그 옆에 엉덩이로 이름을 쓰고 있는 돼지 꿀복이가 보이네요!
꿀복이	꿀꿀! 꿀꿀! (엉덩이로 이름은 쓴다) 꿀 ! 복! 이! 내 이름은 꿀복이! 이렇게 매력적인 엉덩이를 본 적이 있나요?

해설자	저기! 뿔심이가 거울 속 본인 뿔에 심취해 있네요. 저렇게 뿔을 만지다간 뿔이 다 닳아지겠어요!
뿔심이	내 이름은 뿔~~~심이! (거울을 보며) 도저히 눈이 부셔서 내 뿔을 쳐다보지 못하겠어! 아~ 눈부셔! 이런 뿔을 가진 내가 바로 오늘의 스타 아니겠어?
해설자	이제 모두 대회를 시작할 준비가 된 것 같네요! (대회 음악이 나온다)
사회자	안녕하세요! 지구촌 동물 스타 선발 대회에 오신 여러분, 진심으로 환영합니다. 오늘 지구촌에서 가장 매력적인 동물로 누가 뽑힐지, 여기 계신 여러분도 함께 심사해주시면 감사하겠습니다. 그럼 지구촌 동물 스타 선발 대회를 시작하겠습니다!

꿀복이, 쪼잘이, 코코가 차례로 무대 위로 나온다. 각자 가장 멋있다고 생각하는 포즈를 취하며 아름다움을 뽐낸다. 마지막으로 뿔심이가 나와서 포즈를 취한다. 이때 모든 동물들은 아름다운 뿔을 가진 뿔심이를 보고 놀란다.

꿀복이	꿀꿀! 우와! 뿔심이 저 뿔 좀 봐! 정말 아름다워~ 꿀꿀!
코코	마치 왕관을 쓰고 있는 것 같아.
꿀복이	이번 대회에서는 아무래도 저 뿔심이가 동물 스타가 될 거 같지?
코코	난 그렇게 생각하지 않아. 우리 엄마는 내 코가 세상에서 제일 예쁘다고 했거든!
꿀복이	우리 엄마는 내가 음식을 먹을 때 세상에서 제일 복스럽고 예쁘게 먹는다고 했는걸? 그 덕분에 내 엉덩이도 이렇게 예뻐졌지!
쪼잘이	얘들아! 너희들 내 무지갯빛 깃털이 안보이니? (날개를 펼치며 한 바퀴 돌며) 오늘의 스타는 바로 나라고!

사회자	자! 그럼 심사하겠습니다. 대회 참가자들은 참가번호 순서대로 객석 앞으로 나와 주시기를 바랍니다. 관객 여러분도 심사하실 준비가 되셨나요? (관객 향해 질문) 가장 눈에 띄는 동물이 있나요? 여기 있는 분은 어떤 동물이 스타가 될 거라고 생각하십니까?
	자! 이제 모두 투표를 해주시기 바랍니다!
	(종이를 꺼내들며) 자! 지금 여러분이 뽑아주신 오늘의 스타를 발표하겠습니다. (뚜구 뚜구 뚜구 뚜구 뚜구!!) 지구촌 동물 스타는 바로, 가장 매력적인 뿔을 가지고 있는 뿔심이 입니다! 축하드립니다!
쪼잘이	오늘의 가장 매력적인 뿔을 가지고 있는 뿔심이 입니다. 뿔심이 입니다! 뿔심이 입니다!! 뿔심이는 무슨! 참나! 내가 어이가 없어서!
코코	어째서? 이게 말이 돼? 우리가 엄마가 제일 슬퍼하실 거야.
꿀복이	뿔심이의 저 뿔이 정말 부럽다! 어떻게 하면 저 뿔을 가질 수 있을까?
	혹시 무슨 신비로운 음식을 먹어서 그런 것이 아닐까?

코코	꿀복아! 넌 매일 먹을 생각만 하니??
꿀복이	꿀꿀! 오늘 하루 종일 엉덩이로 이름을 썼더니 내 배가 배고프다고 말을 하는데 꼬르륵~~~~!
코코	킁킁!!! 이게 무슨 냄새지? 어디서 맛있는 냄새가 나는데? (냄새를 따라 꿀복이에게 다가간다) 이곳인데?
꿀복이	내 음식 넘보지 마! 내가 아껴둔 빵이야! (빵을 꺼내서 먹는다)
코코	정말 못 말리네!
쪼잘이	얘들아! 그만 좀 싸우고 우리 뿔심이한테 가서 한번 물어보는게 어떨까? 저렇게 멋진 뿔을 가질 수 있는 방법이 무엇인지… 분명 무슨 방법이 있을 거야!
코코, 꿀복이	(동시에) 그거 좋은 생각이야!
코코	무슨 성형외과를 다니는지 아니면 무슨 화장품을 쓰는지…

꿀복이 무슨 신비로운 음식을 먹고 있는지 물어보는 거야!

쪼잘이 애들아! 저기 저기! 뽈심이가 이쪽으로 걸어오는데?

(뽈심이가 우아하게 걸어서 나온다)

뽈심이 애들아 안녕! 오늘 너희들이 스타가 되지 못해서 너무 아쉽지만 어쩌겠니... 나의 뽈이 너무나 아름다워서 그러는 걸...

코코 그.... 그래! (혼잣말로) 인정하기 싫지만!

쪼잘이 우리가 뽈에 대해서 물어볼게 있는데... (빠른 속도로) 그 뽈이 혹시 진짜니? 진짜 니 뽈이냐는 말이야? 만약에 그 뽈이 진짜 니 뽈이라면 어떻게 이렇게 아름다운 뽈로 자랄 수 있었는지 자세히 설명 좀 해줄 수 있니?

코코 쪼잘아! 넌 왜 이리 쪼잘쪼잘 말이 많니? 이야기의 요점만 말하란 말이야. (조심스럽게) 킁킁! 뽈심아! 혹시 무슨 성형외과에 갔는지 알려줄 수 있니?

뿔심이	뭐? 그걸 말이라고 하니! 이건 진짜 내 뿔이야!
꿀복이	그럼 혹시 뿔을 자라게 하는 무슨 신비한 음식이라도 있는 거야?
뿔심이	아니! 너희들 촌스럽게 왜 그래? 더 이상은 너희들과 대화를 못 하겠다.
꿀복이	그럼 어떻게 하면 너처럼 아름다운 뿔을 가질 수 있니?
코코, 꿀복이, 쪼잘이	혹시 그 방법을 알려줄 수 있니?
뿔심이	너희들은 절대 가질 수 없어! 이것은 내가 태어났을 때부터 가지고 있었을걸! 난! 바빠서 이만 ! (뿔심이는 나간다)
쪼잘이	태어났을 때부터 가지고 있었는걸!, 태어났을 때부터! 태어났을 때부터는 무슨! (재미있게 성대모사를 한다) 정말 내가 어이가 없어서!

코코	참나! 잘난 척은 혼자 다 하네! 킁킁! 이게 무슨 냄새야??
쪼잘이	나는 아무 냄새도 안 나는데?
코코	킁킁! 아주 지독한 냄샌데.
꿀복이	얘들아 미안! 아까 먹은 빵이 벌써 소화가 됐나 봐! 꿀꿀
코코	돼지야! 이건 정말 예의 없는 행동이야!
꿀복이	꿀꿀! 아니! 이건 생리적인 현상인데 넌 방구도 안 뀌니?
쪼잘이	하여간 정말 못 말리는 짝꿍이구먼! 그런데 나는 코코를 이해할 수 있어! 코코는 냄새를 잘 맡으니까 꿀복이의 방구냄새에 예민할 수 있지, 그런데 꿀복이의 입장을 보자면 꿀복이는 먹은 것을 잘 소화시키기 때문에 그런 생리적인 현상은 당연히 나올 수 있다는 것이지!
코코	쉿! 조용히 해!

꿀복이	왜 무슨 일이야?

코코	킁킁! 이상한 냄새가 나는데?

쪼잘이	꿀복이, 너어~?

꿀복이	나 아니야! 나 방구 안 뀌었어!!

코코	이번에는 꿀복이가 아니라 누가 이쪽으로 오는 것 같아.

쪼잘이	정말 정말 정말? 빨리 빨리 몸을 숨기자!

사냥꾼이 등장한다

사냥꾼	여기에 아주 뿔이 좋은 사슴이 산다고 들었는데… 도대체 어디에 있는 거지? 도통 찾을 수가 없잖아!

꿀복이	저 사람은 여기까지 왜 온 걸까?

쪼잘이	내 생각에는 사냥꾼 같아! 내가 얼마 전에 뉴스를 봤는데 거기서 말야!
코코	쉿! 일단 조용히 몸을 숨기자!
사냥꾼	(관객을 향해) 혹시 뿔 달린 사슴이 어디 있는지 알아요? 이쪽 분은 혹시 알아요?

이때 뿔심이 천천히 들어온다, 코코와 쪼잘이 꿀복이가 뿔심이에게 몸을 숨기라고 손짓을 하지만 뿔심이 거울만 보고 있다.

사냥꾼	호랑이도 제 말 하면 온다더니! 사슴이 이렇게 제 발로 오다니!! (몸을 숨기며) 일단 몸을 숨겨야겠어.
뿔심이	얘들아, 어디 있니? 오늘 우리 파티 하는 날이잖아?
꿀복이	(작은 목소리, 손짓 발짓 하며) 뿔심아! 도망쳐!
코코	뿔심아! 여기는 위험해!

뿔심이	얘들아! 뭐라고?
쪼잘이	뿔심아! 저기 사냥꾼이 있어!
뿔심이	오늘 내가 스타가 된 기념으로 너희들을 집에 초대하고 싶어서 온 건데... 너희들 지금 왜 이래? 나한테 화난 거야?
사냥꾼	(그 순간 사냥꾼이 뿔심이를 덮친다) 내가 너를 우리 집으로 초대를 해야겠는데?
뿔심이	당신은... 누구세요?
사냥꾼	오! 듣던 대로 뿔이 아주 좋군! 녹용으로 사용하기 딱이야! 그럼 돈을 아주 많이 벌게 될 거야! 하하하!
뿔심이	도와주세요! 얘들아! 얘들아! 도와줘! (사냥꾼은 사슴을 잡고 데리고 나간다)
쪼잘이	이거 큰일이네! 큰일이야!

코코	이걸 어떻게 하지? 사슴이 아주 위험하겠는데?
꿀복이	사슴의 뿔을 사용해서 녹용으로…? 그게 뭐야? 먹는 거야?
쪼잘이	이 바보야!! 너는 먹는 것 밖에 몰라? 먹는 거긴 하지만… 녹용은 사슴뿔로 사람들의 건강을 위해 만드는 보약이래! 내가 뉴스에서 봤는데 말야.
사회자 (뉴스진행자)	안녕하세요! 여기는 동물 뉴스입니다. 요즘 인간들이 사슴뿔을 사용해서 녹용을 만들고 있다고 합니다. 녹용은 기력 회복과 간 기능 개선, 노화 방지 등에 효능이 있다고 하여 현재 많은 사슴의 뿔이 사라지고 있습니다. 그리고 덫으로 인해 사슴들이 죽음으로 몰리고 있답니다. 사슴뿐만 아니라 다른 동물 여러분들도 항상 조심하시길 바랍니다.
꿀복이	인간들은 정말 무섭다!
코코	얘들아! 그럼 우리 뿔심이를 구하러 가자!!
쪼잘이,꿀복이	뭐? 너 뭐라고 했어?

쪼잘이	코코야! 너 인간이 얼마나 무서운 존재인지 알고 하는 소리야?
코코	어쩌면 사슴이 죽을지도 몰라! 만약에 우리가 힘을 합치면 사슴을 구할 수 있을 거야!
쪼잘이	우리가 아무리 힘을 합쳐도 사냥꾼보다는 약할 거야!
꿀복이	무슨 방법으로 사냥꾼을 이길 수 있냐는 거지?
코코	나는 우리가 힘을 합치면 충분히 이길 수 있다고 믿어!
꿀복이,쪼잘이	......???
쪼잘이,꿀복이	그래! 그럼 우리 구하러 가자!
코코	너희들은 정말 좋은 친구들이야!
쪼잘이,꿀복이	그런데 어디로 가야 하지.?

코코	어디로 갔는 지야~ 이 멋쟁이 코를 이용해서 따라갈 수가 있지! 내가 아까 사냥꾼의 땀 냄새를 다 기억하고 있거든. 나를 따라와!
쪼잘이,꿀복이	우와! 역시~ 코코의 코는 멋진 코야!

쪼잘이와 꿀복이는 코코를 따라서 꿀심이가 갇혀있는 곳에 도착하게 된다.

코코	바로 이곳이야!
쪼잘이	어? 저기 사슴이 있어! 드디어 찾았다! 저기 사냥꾼하고 같이 있는데?
꿀복이	모두들 조용해! 일단 몸을 숨기고 있자!
사냥꾼	(사냥꾼은 빵을 먹다가)이제 좀 배가 차는구만! (먹다 남은 빵을 옆에다가 둔다) 좋아! 사슴아! 내가 너의 목숨을 살려주도록 하지! 대신 너의 뿔을 나에게 줘야겠는데?

뽈심이	(겁에 질려 울먹이면서) 제발... 살려주세요. 다른 건 다 드릴 수 있는데 제 뿔만은 드릴 수 없어요. 뿔만은...
사냥꾼	그래? 그렇다면... 시작해볼까?
코코	얘들아! 뽈심이가 위험하겠는데!
쪼잘이	얘들아! 안 되겠어! 내가 이 아름다운 목소리로 성대모사를 좀 해야겠는데 "삐뽀삐뽀삐뽀~~~삐뽀삐뽀"
사냥꾼	이게 무슨 소리지? 경찰이 이 근처에 있는 것 같은데! 사슴을 잡은 걸 알면 안 되는데! 밖에 나가서 확인하고 와야겠다.

사냥꾼은 당황하며 밖으로 나간다.

코코, 꿀복이	쪼잘아! 아주 잘했어요! 정말 완벽한 소리였어!
꿀복이	뽈심아! 뽈심아!

뿔심이	(두려움에 떨고 있던 뿔심이 친구들을 발견하고 놀라서) 어? 얘들아 너희들 여기까지 어떻게 왔어?
코코	당연히 너를 구하러 왔지!
뿔심이	얘들아! 여기는 정말 위험해!
꿀복이	걱정하지 마! 우리가 곧 도와줄게!
뿔심이	사냥꾼이 이쪽으로 곧 올거야!
쪼잘이	걱정하지 마! 내가 여기서 사냥꾼이 오는지 보고 있을 테니까!
코코	내가 이 줄을 풀어줄게! (줄이 잘 안 풀린다) 생각보다 잘 안 풀리는데!

그 순간 꿀복이는 사냥꾼이 먹다 남은 빵을 발견하게 된다.

꿀복이	저게 뭐지? 아! 배고파 죽을 뻔했는데 아주 잘 됐다! (꿀복이는 빵을 가지러 간다. 그리고 빵을 맛있게 먹는다)

코코	꿀복아 이것 좀 도와줄 수 있어? (줄을 가리키며) 시간이 없어! 빨리!
꿀복이	잠시만~ 너무 배고파서! (빵을 급하게 입에 넣고) 알겠어~ 도와줄게!
쪼잘이	얘들아! 얘들아! 지금 사냥꾼이 오는 것 같아! 빨리빨리 몸을 숨겨!

다행히 모두 몸을 숨기는 순간 사냥꾼이 들어온다.

사냥꾼	경찰이 안 보이잖아! 벌써 멀리 갔나? 그냥 지나쳐 간 거겠지?
꿀복이	(모두가 숨죽이며 조용히 있는데 빵 먹은 것이 소화가 되어서 방귀가 나온다) 뿌~~~~~웅!!
사냥꾼	이게 무슨 소리지? (사냥꾼은 꿀복이가 있는 곳을 발견한다) 저 돼지가 여기에 어떻게 왔지? 바보 같은 녀석! 사슴을 구하러 온 거구나!

꿀복이가 사냥꾼에게 잡힌다. 이때 코코가 꿀복이를 구하기 위해 큰소리로 짖는다.

코코   왈왈! 이 바보 사냥꾼아! 여기야 여기!

사냥꾼   어!? 여기 강아지도 있네! 이런 어리석은 녀석들!

코코도 사냥꾼에게 잡힌다. 이때 쪼잘이는 성대모사로 친구들을 구하기 위해서 사냥꾼에게 말을 따라 하기 시작한다.

사냥꾼   이런 어리석은 녀석들!

쪼잘이   이런 어리석은 녀석들! 어리석은 녀석들! 어리석은 사냥꾼!

사냥꾼   넌 누구야?

쪼잘이   넌 누구야? 넌 누구야? 넌 누구야? 멍청이야!

사냥꾼   너 왜 내 말을 따라 해?

쪼잘이	너 왜 내 말을 따라 해? 너 왜 내 말 따라 해? 너 왜 내 말 따라 해? 바보야!
사냥꾼	아이고 속 터져! 너 이 녀석!
쪼잘이	아이구 속 터져! 너 이 녀석! 너 이 녀석! 너 이 녀석! 약 오르지?

사냥꾼은 화를 참지 못하고 쪼잘이를 잡으려고 총을 꺼낸다. 동물들은 총을 보고 모두 놀란다.

사냥꾼	더 이상 못 참겠다! (총은 뿔 심이에 겨누고 있다) 너희들! 내 말을 듣지 않으면 이 사슴은 죽고 말 거다!
뿔심이	애들아! 내 걱정하지 말고... 너희들은 어서 도망쳐!
쪼잘이	이걸 어떡하지?
꿀복이	이게 다 나 때문이야! 내 방귀만 아니었으면.

코코	돼지야! 아니야! 이때야! 지금 너의 방귀가 필요할 것 같은데?
꿀복이	내 방귀? 알았어!! (마저 빵을 다 먹고 돼지는 크게 방귀를 뀐다) 이 나쁜 사냥꾼아! 내 방귀를 받아라~! 뿌~~~~~~~~~~~~~웅!

사냥꾼은 들고 있던 총을 떨어뜨리고 방귀 냄새 때문에 정신을 못 차린다.

사냥꾼	아이고 냄새야! 아이고!
코코	꿀복아! 아주 잘했어! 아주 멋진 방귀야!
뿔심이	우와! 정말 대단해!
꿀복이	나 좀 멋있었어?
쪼잘이	애들아 바로 도망가자! 사슴아! 이쪽이야!! 삐뽀 삐뽀 삐뽀 삐뽀~~~~~

친구들은 뿔심이를 구출하고 무사히 빠져나온다. 모두들 무사히 집으로 돌아왔다.

쪼잘이 그 사냥꾼은 아마 지독한 방귀 냄새 때문에 다시는 못 올 거야! 하!하!하!

코코 돼지야! 너의 방귀를 무시해서 미안해! 너의 방귀는 우리의 생명을 구한 아주 멋진 방귀야!

꿀복이 고마워! 너의 멋진 코 때문에 우리가 사슴이 있는 곳을 알 수 있었어!

쪼잘이 정말 너희들은 최고의 짝꿍이야!

코코 그리고 앵무새야! 너의 성대모사는 정말 대단해!! 너의 그 목소리가 아니었으면 우리 모두 위험했을 거야!!

뽈심이	얘들이 정말 고마워! 그리고 정말 미안해! 내가 너희들을 너무 무시했던 것 같아!! 너희들이 아니었다면 나는 살아 돌아오지 못했을 거야! 겉으로 보이는 모습보다는 보이진 않아도 함께 있으면 느낄 수 있는 너희들의 따뜻한 마음씨가 세상에서 가장 아름다운 것이라는 것을 알았어! 정말 너희들은 멋진 친구들이야!!

뽈심이와 친구들은 서로 포옹을 한다.

해설자	정말 다행이에요. 사냥꾼에게 잡혀갔던 뽈심이가 각자 개성과 매력이 넘치는 친구들의 도움으로 무사히 집으로 돌아올 수 있었어요! 세상에서 오직 자기 뽈이 제일 매력적이라고 생각했던 뽈심이는 친구들의 따뜻한 마음씨와 톡톡 튀는 매력에 감동을 했어요! 자! 그럼 오늘의 진정한 지구촌 동물 스타들의 말을 들어볼까요?

동물들이 한 마리씩 무대 중앙으로 걸어온다.

코코	(포즈를 잡으며) 나는 멋진 코스타!

쪼잘이	나는 성대모사스타!

꿀복이	나는 방귀스타!
뿔심이	우리 모두는 지구촌스타!
해설자	(반짝반짝 작은 별 노래 전주가 흘러나온다) 이렇게 여기 있는 모든 동물들은 모두 스타가 되었답니다! 동쪽에서도 저쪽에서도 반짝 반짝 아름답게 빛나는 별처럼 말이죠! 여기 오신 여러분 모두 우리들의 스타이자 아름다운 별들이에요!

해설자 러시아어 버전으로 작은별 노래를 시작한다. 베트남어 버전으로 이어서 부르고 중국어 버전, 한국어 버전까지 노래를 같이 부르며 막을 내린다.

띡쭈
TICH CHU

TICH CHU
– 띡쭈

극본 박채원

배　　경	베트남 어느 시골마을
등장인물	띡쭈
	할머니
	요정
	호랑이
	동네 사람
	띡쭈 친구

장면 1.　　장사 준비하는 할머니, 학교에서 돌아오는 띡쭈

띡쭈　　(노래를 하며 집으로 들어온다) 랄랄라라라 라라라라라 할머니,
　　　　학교 잘 다녀왔어요.

할머니　　우리 띡쭈, 오늘도 학교 잘 다녀왔지?

띡쭈　　예, 잘 갔다 오긴 했는데... 공부가 너무 어려워요. 학교는 꼭
　　　　다녀야 해요?

할머니　　(사랑스런 표정으로) 아이구 우리 띡쭈가 많이 힘들구나, 괜찮
　　　　아, 괜찮아.. 처음에는 다 어려운 거야. 그런데 노력하면 또 금
　　　　방 쉬워진단다.

띡쭈　　할머니 노력은 어떻게 하는 거예요?

할머니　　할머니도 하루 종일 장사 하다보면 많이 힘들어. 그래도 우리
　　　　띡쭈를 생각하면서 할머니가 힘을 내는 거지.

띡쭈	아~ 그럼 나도 할머니 생각하면서 힘을 내 볼게요! 근데... 할머니, 저... 배고파요.
할머니	그래, 우리 띡쭈가 배가 고프구나, 할머니가 금방 국수를 맛있게 말아 줄게.
띡쭈	네, 네~ 빨리 주세요, (배를 움켜 쥐고) 배 고파서 쓰러질 것 같아요!
할머니	그래, 그래.
띡쭈	냠냠냠, 역시 할머니 국수가 짱이에요!

할머니와 띡쭈 퇴장
띡쭈 하품하면서 등장한다. 할머니도 부채를 들고 등장한다.

할머니	우리 손자 많이 덥지?
띡쭈	응, 더워요!

할머니   그래, 그래... 할머니가 부채질 해줄게.

띡쭈   아이! 시원해라.

할머니   (할머니 자장가를 불러 준다) 자장~ 자장~ 우리 손자~ 잘도
              잔다~ 우리 손자~

장면 2. 국수 가게

동네 사람 할머니, 쌀국수 한 그릇을 주세요.

할머니 예, 조금만 가다려요, 맛있게 말아 줄게요.

동네 사람 우와, 오늘도 역시 맛있네요. 요즘 제가 밥맛이 없었는데, 할머니 국수가 최고예요. 호호~

할머니 고맙네, 많이 드셔.

동네 사람 아 참, 오늘은 띡쭈가 안 보이네요.

할머니 아, 우리 띡주 친구들이랑 놀이터에서 놀고 있어요.

동네 사람 할머니가 띡쭈를 정성스럽게 키우는 것 같아요.

할머니	우리 띡쭈 애기 때 띡쭈 엄마 아빠가 사고로 죽었잖아요. 불쌍한 아이에요. 나라도 잘 해줘야지. 띡쭈 웃는 것 봤죠? 얼마나 예쁜지 몰라요. 나는 띡쭈가 웃는 것만 보면 힘이나요.
동네 사람	할머니 참 행복해 보이시네요. 띡쭈가 클 때까지 건강하게 오래오래 사세요.
할머니	띡쭈만 잘 자라면 돼요. 나는 다른 거 아무 것도 바라지 않아요.

장면 3.　　　할머니가 침대에 누워있다

할머니　　　(아픈 목소리로) 띡쭈야, 띡쭈야!

띡쭈　　　할머니 왜요?

할머니　　　할머니가 목이 마른데 물 좀 갖다 주겠니?

띡쭈　　　(귀찮아하는 목소리로) 에이, 물은 할머니가 떠서 먹어~

　　　　　　나 지금 놀러 가야돼요. 친구들이 밖에서 기다린단 말이에요.

　　　　　　할머니 갔다 올게요.

띡쭈가 집을 나선다. 친구들과 함께 베트남의 전통 놀이를 한다.

할머니　　　내가 지금 아프면 안 되는데, 우리 띡쭈 클 때까지 더 살아야

　　　　　　하는데... 물 좀 마시면 좋을 텐데.

띡쭈 지친듯한 표정으로 들어온다.

띡쭈   할머니, 배고파~ 밥 줘.

할머니는 보이지 않고 새 한 마리가 띡쭈를 바라본다.

띡쭈   어, 혹시… 이 새가 할머니??

할머니   꾹꾸… 꾸! 꾹… 꾸꾸! 띡쭈야, 할머니가 목이 너무 말라서 물
           을 찾으러 가려고 새로 변한 거란다. 이제 할머니는 가야돼, 다
           시는 못 볼 거야.

띡쭈   할머니, 할머니~ 제 곁에 있어줘요. 제가 물을 갖다드릴 게요.
           할머니…!

할머니   띡쭈야, 이미 늦었단다, 할머니는 이제 가야돼.

**새가 날아간다, 띡쭈는 새를 따라 달려간다. 새가 물가에 앉아 물
을 먹는다.**

띡쭈	할머니, 제발 돌아오세요. 띡쭈가 이제 할머니 말 잘 들을 게요.
할머니	꾹… 꾸… 꾸, 너무 늦었다, (날아가며) 할머닌 가야해.
띡쭈	(날아가는 할머니 새를 보며 흐느낀다) 흑흑… 할머니 어디 가세요? 할머니, 제가 잘 못했어요. 할머니 말 잘 들을 게요, 돌아오세요.

띡쭈의 울음소리를 듣고 요정이 등장 한다.

요정	띡쭈야~ 왜 울고 있니?
띡쭈	(울면서) 우리 할머니가 새가 되어서 날아가 버렸어요.
요정	할머니는 왜 새가 되었을까?
띡쭈	(우는 목소리로) 할머니가 목이 말라서 물을 달라고 했는데 제가 놀러 가느라고 물을 안 드렸어요. 흐흐윽… 그래서 할머니가 물을 마시러 가려고 새가 되었데요.

요정   아, 그랬구나. 그래서 할머니가 마법에 걸려서 새로 변하셨구나.

띡쭈   요정님, 어떻게 하면 우리 할머니가 돌아 올 수 있을까요?

요정   방법이 하나 있긴 한데, 아주 어려운 일이야.

띡쭈   어려워도 알려주세요! 뭐든 다 할 수 있어요!

요정   새로 변한 사람을 다시 사람으로 돌아오게 하는 신기한 옹달샘이 있어.

띡쭈   그게 어디에 있는데요?

요정   그 옹달샘은 아주아주 먼 곳에 있단다. 하지만 그 옹달샘 물을 새로 변한 할머니가 마시면 다시 사람으로 돌아올 수 있지.

띡쭈   먼 곳이라면... 얼마나 멀리 있는데요?

요정   멀기도 멀지만 길이 험해서 어린아이에겐 위험한데, 네가 할
수 있겠니?

띡쭈   네, 할머니만 다시 돌아올 수 있으면 어떤 어려운 일이라도 할
수 있어요. 할머니를 생각하면서 노력할 거예요.

장면 4.   옹달샘

띡쭈는 옹달샘을 찾으러가다. 띡쭈는 큰 강을 헤엄쳐 건넌다.
그리곤 높은 산을 만나게 되고, 그 산을 넘다 호랑이를 만난다.

호랑이   (어흥) 떡 하나 주면 안 잡아먹지!

띡쭈   호랑이님, 저는 떡이 없어요.

호랑이   떡이 없으면 너를 잡아먹어야지.

띡쭈   호랑이님, 우리 할머니가 새로 변해서 날아갔어요. 그래서 저
는 할머니를 찾으러 가야해요. 호랑이님이 저를 잡아먹으면 저
는 할머니를 구할 수가 없어요. (울음보를 터트리며) 마음 따뜻
한 호랑이님. 저를 잡아먹지 마세요.

호랑이   릴수 릴수 이럴 수가. 배고파 죽겠는데! 그래도 난 숲 속에 신
사니까~, 내가 내는 문제를 풀면 보내주마.

띡쭈 어떤 문제요?

호랑이 가만히 있는데 잘 돈다고 하는 것은?

띡쭈 머리

호랑이 감은 감인데 먹지 못하는 감은?

띡쭈 영감

호랑이 개그맨들이 찾아서 헤매는 거리는?

띡쭈 웃음거리

호랑이 거꾸로 뒤집혀도 멀쩡한 나라는?

띡쭈 스위스

호랑이   (베트남 국기와 중국 국기를 양손에 들고) 그렇다면 이 국기 중에 베트남 국기는?

띡쭈   (고민을 하다) 별 한개는 베트남 국기고, 별 다섯개는 중국 국기예요.

호랑이   너 보기와는 달리 똑똑하구나. 그럼 이 국기는 어느 나라 국기니?

띡쭈   그런 요즘 자주 보이는 미얀마요.

호랑이   그럼 요즘 미얀마에서는 군 정부에 반대하는 의미로 손가락을 올리면서 사진을 찍던데 손가락이 몇 개지?

띡쭈   (자신만만) 손가락 세 개요.

호랑이   럴수 럴수 이럴 수가? 너는 내가 만난 아이 중에 가장 똑똑한 아이구나. 약속대로 보내 주마. (입맛을 다시면서 한없이 아쉬워한다) 어서 가라, 어서 가!

| 띡쭈 | 호랑이 님, 감사합니다. |

이번에 큰 바위를 만난다, 띡쭈가 힘겹게 바위를 넘는다. 헉헉거리며 바위를 넘자 옹달샘이 보인다.

| 띡쭈 | (흐르는 땀을 닦으며 감격스럽게) 아, 이게 요정님이 말씀하는 옹달샘인가? (기쁨의 목소리로 힘차게) 할머니, 드디어 제 힘으로 할머니를 다시 찾을 수 있게 됐어요. (흐느끼며) 할머니 조금만 기다리세요! |

띡쭈는 물을 담아서 빠른 속도로 큰 바위를 넘고, 높은 산을 넘고, 큰 강을 헤엄쳐 돌아온다.

장면 5.   집에 도착

띡쭈   할머니, 할머니. 제가 옹달샘 물을 가져왔어요. 이 물을 마시면 할머니가 다시 사람으로 돌아 올 수 있대요.

새가 물을 마시고 다시 할머니로 돌아온다.

할머니   띡쭈야, 고맙다. 네 덕분에 할머니가 살았다. (띡쭈 손을 잡고) 우리 띡주 손을 다시는 못 잡을 줄 알았는데, 고맙다~ 내 손주!

띡쭈   할머니, 정말 죄송해요. 할머니가 옆에 안 계시는 동안 너무 슬펐어요. 앞으로 열심히 노력할게요. 할머니 말씀도 잘 들을 게요. 할머니... 사랑해요!!!

할머니   할머니도 우리 띡쭈를 많이 사랑해! 우리 행복하게 살자.

띡쭈   네, 할머니.

제사와
라마단

제사와 라마단

극본 진은아

배 경	대한민국 평범한 가정
등장인물	은하
	아빠 김수현
	엄마 마사꼬
	은하의 예비신랑 무함마드
	할머니

장면 1.   거실에서 제사 준비를 하는 가족

엄마   여보~, 여기 배가 아직 안 놓여 있어요. 대추도요!

아빠   아, 그래요? 아까 사왔는데 어딨더라?

할머니   대추는 여기 있다. 저~기 오른쪽에다 놔라.

엄마   (작은 목소리로) 어머니 홍동… 백서지요? 그럼 오른쪽이 대추 예요?

할머니   맞다 에미야, 그러니까 왼쪽이지. 우리 집은 동쪽이 왼쪽이니까.

(갑자기 초인종이 울린다.) "띵~동!"

은하   할머니~! 엄마, 아빠~ 저희 왔어요!

할머니   아이구, 은하 왔나보다. 에미야, 어서 문 열어줘라!

엄마   (대문 여는 버튼을 누른다.)

은하   (현관문을 벌컥 열면서) 할머니~~~! 저 왔어요~
(뒤따라 들어오는 예비신랑)

할머니   아이구~ 우리 은하가 왔네. 아니 근데, 남자친구랑 같이 온다고 하지 않았냐?

은하   네, 할머니 남자친구 아니고 이제 예비신랑이잖아요~. 자기야~ 들어와~!

무함마드   (뒤에 있다가 들어오는 예비신랑) 안녕하세요~ 함모니~?

할머니   아… 아니, 외국사람이라더니 한국말로 인사를 하네?

엄마   네, 어머니. 모로코 사람이요.

할머니   응? 모… 뭐가 커?

엄마   모, 로, 코래요~, 어머니.

할머니   아유, 그래 뭐 모로코든 바늘코든 어떠냐? 아이구, 오느라 고
생했어요.

무함마드   네~, 감사함미다~. 안녕하세요? 엄마, 아빠~!

은하   아니~~ 그거 말구~ 있잖아. 내가 가르쳐준 거.

무함마드   아! 마따~, 안녕하세요? 잠모님, 장인오른~.

아빠   응? 아하하하! 나보고 장인어른이래. 아이구, 어서 들어와요.

장면 2.   제사

온 가족, 제사상 앞에 선다. 할머니, 아들에게 술 잔을 따라 받고는, 향에서 세 바퀴 돌린 후 잔을 아들에게 준다.

할머니   아이구, 영감 차린 건 없지만 많이 드셔. 올해는 영감 좋아하는 명태도 올렸어요.
자, 다 같이 절하자.

아빠   은하야, 오, 자네도 같이 하지.

은하   아, 아빠 나만 할게, 오늘은~.

엄마   무슨 소리야? 이제 조금 있으면 정식으로 우리 가족인데, 같이 하자고 해~.

무함마드 머뭇거리며 눈치를 본다.

은하   아~ 아니야, 엄마. 다음에~ 다음에…! (손사래를 친다)

할머니   얼른 오라고 해라! 이런 것도 얼른 배워야 한 가족이 되지, 암. 에헴.

아빠   그래, 이쪽으로 와서, 얼른.

은하와 무함마드는 머뭇거리며 부모님 뒤로에 어정쩡하게 선다. 그리곤 은하가 무함마드에게 귓속말로 뭐라고 이야기하며 절하는 시늉을 대충 보여준다.

할머니   자, 다 같이 절 허자.

첫 번째 절. 온 가족이 다함께 절하는데 무함마드가 엉거주춤하며 이상하게 절을 한다.

할머니   (뒤를 살짝 돌아보더니) 에헴.!!!

두 번째 절. 무함마드는 눈치가 보여 절을 하는 둥, 마는 둥한다.

할머니	(또 뒤돌아보고는) 에헴.!!!

마지막에는 반절. 모두들 반절을 하는데 무함마드 큰절을 한다.

은하	(속삭이며) 아, 아니 아니~ 두 개 반, 두 개 반!
무함마드	어? 두 개? 아아…, 죄송함니다~.
아빠	아하하, 괜찮아요 괜찮아. 다음부터는 꼭 두 번 반, 알겠지?
무함마드	아…, 네.

장면 3.   가족들과의 식사

할머니   자, 다 같이 들자. 많이 들어요~.

엄마   (머뭇거리며) 아니 근데… 그…그거, 그…밥을 안 먹는다고 했지요?

은하   아~ 맞다 맞다, 그… 종교가 있는데 이슬람이라고요~. 그 종교에서 금식을 하는 기간이 있는데, 아주 중요한 기도하는 기간이래요. 오늘이 그 기간에 끼는 바람에, 하하!.

아빠   아이구, 어떡하나? 그럼, 아예 밥을 안 먹어? 그러면, 여기 수정과라도 마시지.

무함마드   아… 차? 이거, 차 안 먹어요.

아빠와 할머니 이해할 수 없다는 표정을 지으며 서로를 쳐다본다.

할머니   뗵! 그러는 거 아니야. 할아버지 기일인데 그래도 먹어야지 맞지!

엄마   아…, 그럼 조금만 먹어요, 조금만.

아빠   그래, 조금이라도 들지~. (은하를 보며) 넌 제사이야기 안했니?

은하   아이, 했어요. 했는데 금식기간이랑 겹치는 건 생각 못했어요.

무함마드   어, 이거…, 알라 말했어요. 라마단에는 밥 안 먹어요.
                이거, 우리 전통 따라요. 죄송합니다.

할머니   뭐? 알라가 뭐냐 그 무슬림인가 뭐시긴가, 테레비에 나오는,
                응? 아이에쓴지 뭔지 총 쏘고 전쟁 일으키고, 그 테러리스트
                설마 그거냐?! 응? 니 할애비가 6·25때 어떻게 돌아가셨는지
                잊은 게야?

엄마   어머니, 그게 아니라….

할머니	아이고, 우리 집에 큰 마가 끼겠구나. 이런 몹쓸 사람을 들이다니! (밥상을 탁 친다.)
은하	아, 할머니! 하… 그게 아니에요.
무함마드	함모니, 저 테러리스트 아니에요. 죄송함니다.

무함마드 일어나더니 꾸벅 인사하고는 집을 나간다.

은하	어디가~~~? 아 진짜, 할머니는 왜 그래!
아빠	이런, 제가 데려올게요.
할머니	됐다, 아범아! 너도 일본인 집에 들여서 그렇게 힘들게 하더니, 어떻게 은하도 똑같이 그러냐? 됐다. 그냥 앉아라!
아빠	아이 어머닌 참, 왜 그렇게 또 말씀하세요.
엄마	어머니, 제가 집에 와서 그렇게 힘드셨어요? 왜 말씀 안 하셨어요, 저 때문에 힘들다고….

은하	아이 참, 다들 그만 좀 하세요! 할머니, 저 오늘 먼저 가 볼게요. 엄마, 미안, 나 오늘은 먼저 가볼 게 (속삭이며 입모양으로) 걱~ 정~ 하지 마!
할머니	됐다. 난 입맛 읍다. 에유, 늙으면 얼른 죽어야지 원.

할머니가 방 안으로 들어가시고, 엄마와 아빠는 걱정하며 조용히 상을 치운다. 은하는 무함마드를 따라 밖으로 나간다.

장면 4.   할머니와의 재회

다음 날, 부엌으로 천천히 걸어오시는 할머니.

할머니   에미야, 식탁에 이게 뭐냐?

엄마   (힘없는 목소리로) 아, 오늘 아침에 은하랑 무함마드가 다시 와서는 두고 간 음식이에요, 어머니.

할머니   뭔데 이렇게 큰 솥뚜껑 같으냐? 이게 있는지도 몰랐구먼.

아빠   (멀리 거실에서 말한다) 열어 보세요, 어머니 그거 맛 꽤 좋아요.

할머니   (냄비 뚜껑을 열며) 아니~ 세상에! 이렇게 큰 찜닭이 다 있냐? 이 야채는 다 뭐구? 아이고~ 푸짐도 해라. 응…?   여기 편지는 뭐냐, 한 번 읽어 보자.

[은아의 편지]

할머니, 엄마, 아빠~ 저예요~. 할아버지 제삿날, 무함마드가 절도 잘 못하고, 밥도 안 먹어서 많이 서운하셨죠? 오해 풀고 싶어서 이렇게 편지 써요.

할머니, 모로코는요, 우리나라에서 비행기 타고 26시간 날아가야 만날 수 있는 멋진 사막의 나라예요. 저 어렸을 때 할머니께서 이야기해 주신 알라딘과 자스민 공주 이야기 있죠? 그런 신비한 보석 같은 나라예요. 사막도 있지만요, 푸르른 바다도 있어서 사계절이 꼭 우리나라처럼 아름다워요. 이건 '쿠스쿠스'라고 하는 모로코 전통 음식인데요, 우리나라 찜닭처럼 감자랑 당근이랑 닭고기랑 해서 푸욱~ 찐 거예요. 제가 모로코에 있는 시댁에 인사드리러 갔을 때, 모로코 시할머니께서 해주신 음식인데, 어떻게 먹었는지 이야기 들으시면 깜짝 놀라실걸요?

할머니, 어제 무함마드가 밥 안 먹어 많이 서운하시고 또 속상하셨죠? 미리 제가 말씀 못 드려서 죄송해요. 모로코 시할머니가 저를 존중해 주시고 아껴 주신만큼, 우리 가족도 무함마드를 배려하는 사랑 넘치는 가족인 거 보여주고 싶어요. 앞으로는 제가, 우리 가족 더욱 더 행복할 수 있게 징검다리 역할을 할게요~. 할머니, 엄마, 아빠! 사랑합니다.

사랑하는 손녀딸 은하 올림

엄마	어머니, 저 처음 한국 왔을 때, 어머니께서 김치 매우니까 천천히 먹으라고 물도 주시고, 그러셨잖아요. 그리고 반찬 만드는 거 잘 못해도, 많이 알려주시고…. 저 그때 많이 감사했어요. 어머니, 우리 서로 문화 달라요. 그래도 가족이에요. 함께 존중해요, 어머니!
할머니	그래…, 내가 그랬지. 처음에는 잘해 주고 싶었는데, 살다 보니까 자꾸 바라는 게 많아지더구나…. 다 부모 마음이라, 잘 됐으면 하는 바람에서 그랬어. 근데 이 말이… 마음이 잘 표현이 잘 안됐어. 미안허다.
아빠	어머니, 이제 오해 풀리신 거 맞죠? 지금 은하 전화 왔어요, 집 앞에 소고기식당 예약해 났다고. 얼른 옷 입으세요.
할머니	응? 아니 근데 밥 못 먹는다며~. 아니다, 어떻게 우리끼리 먹냐? 존중을 해줘야지.
엄마	어머니, 라마단 금식기간 끝났대요~. 끝나서, 우리 추석처럼 맛있는 것 많이 먹는 날이라고 같이 먹자고 해요.

할머니   그려? 아이 그럼 가야지~. 암! 안 갈 수 없지!

아빠   자! 가요. 여보, 어머니!

세 사람이 함께 무대에서 퇴장한다. 무함마드와 은하의 결혼 가족 사진이 나오며 막이 내린다.

왜
혼나요?

왜
혼나요?

극본 **야마구찌 히데꼬**

배　　경	히데꼬 집 부엌
등장인물	히데꼬
	시어머니
	민욱이 엄마
	진영이 엄마
	동서

장면 1.   히데꼬 집 부엌

히데꼬 요리를 하고 있다. 시어머니 어깨너머 본다.

시어머니   왜 이렇게 물 많이 넣었어?

히데꼬   지난 번에 물을 많이 넣으라고 하셔서...

시어머니   그때는 국이었잖아. 오늘은 찌갠데 같니?

히데꼬   찌개와 국이 잘 모르겠어요. 제대로 설명 들은 적이 없어서요.

시어머니 안색이 변한다. 평소처럼 혈압이 오른 듯 몸을 추체를 못하신다.

시어머니   (손을 올렸다 내렸다 하면서) 너 나를 꼭 이겨먹을 거냐? 해 봐. 해 봐.

히데꼬   (놀라서) 어머니 하지 마세요. 하지 마세요. (도망간다. 시어머니는 쫓아온다. 히데꼬 자기 방에 들어가서 문을 잠근다.)

장면 2. **히데꼬 방**

히데꼬	(혼잣말) 아~ 무서워라. 다음에는 어떻게 해야 되? 일단 사과부터 해야 되? 뭐라고 말하는 거지. 잘 했습니다. 아냐 부정형이니까 잘 안 됐습니다. 아닌데...

한참을 고민하던 히데꼬, 긴장이 풀린 듯 잠들었다.

장면 3. 민욱이 엄마 집

동네 아줌마들이 몇 명 모여 있다. 잠에 막 깬듯한 히데꼬가 현관에서 무릎을 꿇고 시어머니 앞에서 고개를 몇 번이나 숙인다.

히데꼬 (눈물을 글썽이며) 잘 못 했습니다. 잘 못 했습니다. 죽을죄를 지었습니다. 용서하여 주시 옵소서.

시어머니 당황하고, 진영이 엄마가 민욱이 엄마에게 속삭인다.

진영이 엄마 어머 그렇게 안 봤는데. 유정이 할머니 며느리를 너무 구박하고 사는 거 아니예요?

민욱이 엄마 그러게 말이야. (히데꼬에게 다가가며) 유정이 엄마, 무슨 큰 잘 못을 했다고... 어서 일어나!

시어머니 아... 그 게... 쟤가 오늘 뭘 잘 못 먹었나? 왜 이래?

시어머니 민망한 모습, 히데꼬를 노려보며 어서 집으로 가라고 손짓한다.

장면 4.   히데꼬 집 부엌

동서가 요리하고 있다. 시어머니가 어깨너머 본다.

시어머니   야! 김치찌개에 왜 설탕을 넣었니? 김치찌개는 미원이잖아.

동서는 아무 말 없이 가만히 있는다. 시어머니도 별다른 반응 없이 가버린다.

히데꼬   (당황하며 혼잣말로) 어, 뭐지?

장면 5.　　　　**<u>며칠 후 히데꼬 집 부엌</u>**

히데꼬 요리를 하고 있다. 시어머니가 또 어깨너머로 쳐다본다.

시어머니　　왜 호박을 이렇게 얇게 썰었니? 호박전은 금방 익으니까 좀 더 크게 썰어야지…?

히데꼬 시선을 내리고 가만히 있다. 시어머니는 호박을 한참 보다가 그냥 가버린다.

히데꼬　　(혼잣말로) 오 이예~ 이거였구나. 하나 배웠네.

히데꼬 웃으면서 호박전을 하나 먹는다.

연극으로 배우는
세계시민교육

초판 1쇄 발행일 2021년 09월 30일

극   본 박금영, 강석, 박채원, 진은아, 야마구찌 히데꼬

교   육 김정훈

교   정 양계성

편집디자인 최형준

진   행 유은정

발 행 인 최진희

펴 낸 곳 (주)아시안허브

출판등록 제2014-3호(2014년 1월 13일)

주   소 서울특별시 관악구 신림로19길 46-8

전   화 070-8676-4003

팩   스 070-7500-3350

홈페이지 http://asianhub.kr

값 10,000원

ISBN 979-11-6620-100-4 (03680)